Ernest Renan

De l'influence du change sur le marché monétaire

Finance

ISBN : 978-1983955525

10 9 8 7 6 5 4 3 2 1

Ernest Renan

De l'influence du change sur le marché monétaire

Finance

Table de Matières

Introduction

L'opération du change a été connue de tout temps ; du moment que le commerce a relié les peuples civilisés, dont les transactions se trouvaient facilitées et précisées par l'adoption de la monnaie métallique, instrument commun des échanges, gage assuré et interprète fidèle des engagement contractés, on a pratiqué le change. « Ce qu'on appelle le cours du change n'est autre chose, dit avec justesse Jean-Baptiste Say, que la quantité de métal précieux que l'on consent à donner pour acquérir le droit de toucher une certaine quantité du même métal dans un autre lieu. » La qualité que possède le métal d'exister dans tel endroit lui donne ou lui ôte de la valeur comparativement au même métal qui existe dans un autre endroit. Le *chauffe*, pour rappeler la définition brève et expressive de Savary, est une *vendition d'argent*. Au milieu des intérêts qu'il a successivement mis en éveil, en dépit des complications et des obscurités préméditées du langage, ce contrat a conservé un caractère simple, un sens facile à discerner. L'action qui lui appartient a varié suivant les époques ; on s'en est servi d'abord pour satisfaire les nécessités particulières du commerce et pour établir l'équivalence réelle des monnaies, dont la valeur peut être ainsi appréciée suivant la quotité du métal fin qu'elles renferment. Le change, dans cette acception primitive que retient encore l'office secondaire de nos changeurs, a pour résultat la rectification du cours des monnaies. Dans le monde ancien, dans le moyen âge et jusqu'au XIXe siècle, les altérations et les falsifications constantes du numéraire imprimaient à cette action du change un caractère de grande utilité ; il la conserve encore en ce qui touche la circulation fiduciaire et la monnaie de papier. Le change, déjouant les précautions jalouses des lois oppressives qui prétendaient le restreindre, a toujours assuré le libre mouvement des capitaux ; il a triomphé des limitations et des interdictions du prêt à intérêt. Si sous ces deux aspects le progrès de la législation et les usages des nations modernes ont rendu l'intervention du change moins nécessaire, si le rôle qu'il remplissait dans l'ancien système de la balance du commerce s'est singulièrement transforme, il a conquis une grande importance comme régulateur du marché universel et comme mesure de la condition monétaire des états.

Il n'est peut-être pas de problème plus grave que celui du change ainsi considéré. Chose singulière, il n'en est point en même temps dont l'étude ait été plus rarement abordée de nos jours d'une manière sérieuse. Cependant les relations du commerce international, dans lesquelles le change occupe une place considérable, se sont multipliées dans des proportions colossales Le mouvement prodigieux des capitaux, les entreprises qui font appel au concours de cet énergique levier, les emprunts publics et les ressources du crédit privé, la mobilisation des titres qui représentent les parts d'une propriété ou d'une créance commune et qui permettent sous une forme simple et commode d'en opérer le transfert et le transport, l'impulsion donnée aux entreprises par actions, qui existaient dans le passé, mais auxquelles le rapide accroissement des capitaux a donné des dimensions gigantesques, tous ces éléments réunis créent une situation nouvelle. Fidèle aux principes de liberté et d'équité dont il a toujours été l'infatigable ministre, le change maintient la bonne foi, dans les rapports et la justice dans les transactions ; il prévient les désastres, il modère les entraînements de la spéculation. N'oublions jamais ces paroles de Montesquieu, plus vraies et plus décisives aujourd'hui que jamais : « Le change a ôté les grands coups d'autorité ou du moins le succès des grands coups d'autorité. »

Un homme de mérite, M. Juglar, qui a obtenu plus d'une foi les récompenses de l'Académie des sciences morales et politiques, vient de consacrer à la question du change un livre dont les conclusions et les tendances ne nous paraissent pas toujours irréprochables, mais qui contient sur le mécanisme du change et l'histoire des variations qui en ont affecté les cours dans les divers pays des données précieuses, patiemment et consciencieusement recueillies. M. Juglar se plaint aussi de ce qu'on néglige l'étude des changes étrangers, au risque de laisser ainsi de côté l'influence capitale qui signale et qui gouverne le mouvement des affaires. D'où vient cet oubli ? D'abord on a voulu ne voir dans l'importance attachée aux mouvements du change qu'un reflet du système mercantile et des erreurs de la balance du commerce. Ceux qui ont commis une aussi étrange méprise ont seulement prouvé qu'ils s'attachaient eux-mêmes à des formes vieillies, et ne savaient pas tenir compte de la modification profonde survenue dans les rapports internatio-

8

naux. Il s'agit non plus de rechercher dans le cours du change les simples indices de la balance du commerce entre les divers pays, mais de s'en servir comme d'un baromètre certain pour connaître l'état du marché financier, la solidité du crédit, l'influence du taux de l'intérêt, la situation de la circulation, la sécurité et le sens vrai des paiements effectués. Le jargon baroque dont on se servait jadis pour dérouter l'avidité spoliatrice du fisc ou la rigueur aveugle de mauvaises lois a pu aussi faire dédaigner à beaucoup de gens la connaissance de faits dont la gravité n'apparaissait pas clairement sous les explications peu attrayantes qu'on en donnait. Si, au lieu de se laisser rebuter par l'apparence, on applique à cette étude une analyse attentive et pénétrante, on arrive à constater l'existence de lois régulières bien définies, entraînant des conséquences aussi importantes qu'inévitables. Tel a été le mérite de M. Goschen, et voilà ce qui donne à son livre un caractère saillant d'originalité et d'utilité. Profondément versé dans la pratique des affaires aussi bien que dans la connaissance des doctrines économiques, il a su éviter les termes mystérieux ; il a traduit en style parfaitement clair des principes qui par eux-mêmes ne présentent rien d'obscur. Maître de sa pensée, il a expliqué dans un langage net et précis des transactions qui semblaient entourées d'un voile impénétrable.

La difficulté n'est point de comprendre les principes du change : dès qu'on les dégage des formules cabalistiques et qu'on les traduit en idiome vulgaire, ils ressemblent à des axiomes ; mais il fallait faire la lumière en écartant les embarras d'un attirail vieilli et rébarbatif, il fallait ouvrir un large horizon à la pensée en dissipant les nuages qui l'obstruaient. M. Goschen y a merveilleusement réussi : il a fait plus, il a su changer une matière réputée aride en un sujet d'étude attachant. Sous sa plume, les principes généraux relatifs à l'origine des opérations du change, au fondement des engagements internationaux, aux causes qui influent sur la variation des prix, aux conclusions à tirer de ces variations, deviennent d'une simplicité élémentaire, il suffit de comprendre les faits avec clarté pour écarter la controverse sur des problèmes agités avec ardeur dans ces derniers temps tels que la variation du taux de l'escompte, l'émission de billets de banque, l'action désastreuse du papier-monnaie, l'emploi de la monnaie métallique, la fonction que celle-ci remplit comme mesure des valeurs et des, engagements, fonction supérieure même à celle qui lui est dévolue comme instrument et gage des échanges. L'harmonie des intérêts et la marche des phénomènes économiques se présentent comme une conséquence naturelle de la vérité, qui remplace partout la fiction, et de la justice, égale pour tous. Essayées dans ce creuset, les doctrines téméraires ou fantastiques s'évanouissent promptement. Il n'en reste qu'une conviction fortifiante, c'est que les avantages permanents de la société et les rapports, équitables entre les membres qui la composent répugnent, aussi bien sur le terrain économique que partout ailleurs, à ce qui n'est qu'un expédient, et se déduisent comme une conséquence naturelle de la stricte application des principes ; L'influence assignée à la spéculation sur les affaires de change se trouve ramenée à une action salutaire, qui consiste à prévenir les secousses violentes à cette influence, est d'ailleurs moindre, qu'on ne serait porté à le croire lorsqu'on ne s'attache pas à discerner les causes véritables des mouvements du marché international. Au lieu de créer le courant, la spéculation s'applique à le suivre en le modérant, après en avoir reconnu la direction naturelle.

Section I

Le change, suivant la véritable acception du terme, ne se renferme point, dans la mutation des diverses pièces de monnaie les unes contre les autres, telle, qu'elle se pratique dans chaque localité ; il implique l'idée d'une relation de place en place et surtout d'un rapport international. La *Théorie des changes étrangers* ne s'occupe naturellement que de cette catégorie de contrats ; ils portent sur les engagements acceptés dans certains pays. Les détenteurs des titres qui constatent ces engagements et qui en assurent l'exécution les cèdent aux acheteurs désireux de toucher le montant de ces effets au lieu marqué pour le paiement. Ce procédé se substitue au transport effectif de pays à pays des espèces qui correspondent aux engagements contractés : il opère la compensation internationale des dettes réciproques. Telle est l'essence du contrat de change étranger ; mais cette expression, employée d'une manière courante, s'applique au taux même auquel la transaction se conclut. La matière du change, ce sont les effets étrangers, qui constituent la représentation matérielle de dettes reconnues ; le cours du change, c'est le prix variable assigné par la loi de l'offre et de la demande à cette catégorie particulière de marchandises. Supposons qu'un négociant anglais envoie des produits ou des titres en France, tandis qu'un négociant français en expédie de l'autre côté du détroit, il est inutile que chacun des acheteurs ou des cosignataires se libère par un envoi d'espèces. Si les dettes sont équivalentes, on peut appliquer l'une au paiement de l'autre, en évitant la double dépense et le double risque d'un transport d'argent. Chacun des ayant-droits tire une traite sur chacun des engagés. Ces traites, après avoir été achetées sur les marchés de Londres ou de Paris par ceux qui ont des remises à faire sur l'autre place, se substituent à ces remises, elles servent à éteindre les dettes respectives sans qu'il s'effectue aucun déplacement de numéraire. Cet exemple reproduit l'ensemble des deux opérations, et permet d'en suivre toutes les phases. Dans la forme la plus générale, il s'agit d'arriver à un échange des créances et des dettes entre les habitants de deux états. Les débiteurs de chaque pays recherchent ceux qui doivent recevoir dans l'autre des sommes équivalentes ; en achetant des titres de créances, ils les appliquent à l'extinction de leurs propres engagements.

Si une égalité complète existait quant aux sommes à recevoir, quant aux termes des paiements et quant à la monnaie qui sert à les effectuer, l'échange des titres s'accomplirait sur le pied d'une identité absolue : on obtiendrait d'une manière stable ce que l'on appelle le pair du change ; mais la réalité des choses s'écarte de cette hypothèse. Les oscillations du cours du change au-dessus ou au-dessous de ce point fixe traduisent les inégalités qui existent entre les deux pays soit pour le montant des engagements, soit pour l'époque des paiements ou le rapport des monnaies au moyen desquelles la libération s'accomplit. Au premier aspect, les dettes de chaque pays étant exprimées dans le langage monétaire admis sur chaque territoire, tout le problème consiste à les ramener à une compensation équitable, c'est-à-dire à échanger les unes contre les autres des espèces différentes ou analogues de numéraire. Si tout se bornait là, du moment où les nations commerçantes adopteraient une monnaie internationale commune, le change serait supprimé. Telle est l'illusion entretenue par le projet d'unité des monnaies, si on entend la placer sur la même ligne que l'unité des poids et mesures. Rien de moins exact qu'une pareille assimilation.

M. Goschen dit avec pleine raison qu'en « supposant même un système identique de monnaie chez toutes les nations, les créances sur les pays étrangers seraient, suivant les circonstances, négociées à des prix différents ; on les céderait tantôt à prime et tantôt à perte, selon les demandes et selon les offres. » Il ne s'agit pas ici d'une simple mutation de monnaie, il s'agit d'une *vendition* de droits dont le prix varierait quand même les monnaies seraient identiques. Ce qui décide des conditions de l'achat, c'est la somme des engagements respectifs des deux pays. Du moment que cette somme l'emporte d'un côté ou de l'autre, les effets les moins nombreux sont plus recherchés ; ceux qui désirent les acquérir se trouvent placés dans l'alternative de les payer plus cher ou de subir les charges et les risques de l'envoi du numéraire destiné à solder la créance. Il en résulte que, moins il y aura d'offre, plus il y aura de demande d'effets étrangers sur une place déterminée, plus aussi le prix relatif de ces effets haussera au-dessus du pair. La prime payée rencontre néanmoins une limite dans les frais et les charges de l'expédition du numéraire ; si elle dépassait cette quotité, le débiteur préférerait choisir l'autre voie pour s'acquitter. Dès que l'opération du change ne conduit à aucune économie et ne rend par conséquent aucun service réel, on s'en passe ; elle ne s'accomplit qu'en raison des facilités et des avantages qu'elle procure.

L'élément fondamental du prix du change se rencontre dans la somme relative des engagements réciproques. Sans doute d'autres influences s'exercent pour modifier cette expression élémentaire du contrat ; il faut en tenir compte, mais sans perdre de vue le point de départ. Le terme du paiement, le taux de l'escompte perçu dans le lieu où le paiement doit se faire, la monnaie avec laquelle il est effectué, la confiance qu'on a dans la solvabilité de l'acceptant, modifient le résultat et affectent le prix du change ; mais tout demeure subordonné à l'équilibre des engagements. Comment se forment ces engagements internationaux représentés par les lettres de change qui leur donnent un corps ? Les effets délivrés sont-ils à vue ou à terme ? Quel est le crédit dont jouit le pays sur lequel ils sont tirés, et quelle est la solidité des débiteurs ? En quelle monnaie seront-ils payés ? Comment le taux de l'escompté pourra-t-il agir pour accélérer ou pour faire différer l'époque du remboursement, et par conséquent pour déterminer ou pour arrêter l'exportation

du métal précieux ? Voilà des questions qu'il faudra successivement aborder ; disons d'abord en quoi peuvent consister les engagements internationaux et comment la question du change se
distingue de la question de la balance du commerce telle que la
posait le système mercantile.

Il n'y a pas longtemps encore, dans la plupart des états, les engagements à solder provenaient presque uniquement des importations
des denrées, ou des produits manufacturés. Les recouvrements
à faire se calculaient sur la somme des exportations analogues.
Comme on imaginait que la masse des métaux précieux constituait
seule la richesse véritable, chaque pays s'appliquait à les attirer et
à les retenir ; l'étude des intérêts économiques se concentrait dans
le soin attentif avec lequel on alignait la valeur des exportations
et celle des importations, pour savoir si la balance du commerce
penchait en faveur du pays ou si elle lui était contraire. Le cours
du change servait de contrôle à ce calcul : quand les exportations
étaient abondantes, le solde devait se résoudre en importation de
métaux précieux. Beaucoup d'engagements étant pris par les acheteurs du dehors, le cours du change témoignait de la direction
future du courant métallique en permettant d'acheter à meilleur
compte les effets sur l'étranger. C'est là ce qu'on appelait un change
favorable. Au contraire, si le cours des effets sur l'étranger s'éle-
vait, cela révélait un excédant d'importation, et le change était dit
défavorable, car il pouvait provoquer l'exportation du numéraire.
Cette locution doit être bien comprise, elle a pour objet non pas
de définir l'avantage recueilli ou le dommage subi par le pays, mais
simplement d'indiquer la situation par rapport à une marchandise
spéciale, l'or, dont un excédant des importations peut déterminer
la sortie, tandis que l'excédant des exportations en procure l'entrée.
La balance du commerce prétendait donner la clé de la solution.
Nous reviendrons sur ce point capital. Afin de pouvoir l'aborder
en connaissance de cause, commençons par nous demander si les
colonnes de chiffres qui remplissent les tableaux des douanes fournissent à cet égard des renseignements satisfaisants, s'il suffit de
connaître le mouvement des produits pour savoir la vraie situation des choses, enfin s'il n'existe point de marchandise particulière
dont l'importance, à peine aperçue jadis, grandit chaque jour, et
qui ne fait ni ne peut faire l'objet d'aucune mention dans les volu-

mineux recueils destinés à relever les mouvements du commerce extérieur.

On arrive aisément à reconnaître que la somme des engagements internationaux admet nombre d'autres éléments que l'échange des produits. Elle comprend toutes les obligations contractées par une nation vis-à-vis d'une autre ou des autres, quelle qu'en soit l'origine, qu'il s'agisse de marchandises achetées, d'inscriptions de rente, titres d'actions, d'obligations, de règlement des profits, de frais de commission, en un mot de services de toute nature, ou de dépenses faites au dehors par les nationaux qui y résident temporairement. La masse de l'actif à réclamer admet des éléments tout aussi nombreux, et rend l'étude des faits également complexe. Le mouvement commercial, tel que le relèvent les états de douanes, constitue encore aujourd'hui presque partout la part la plus considérable des engagements internationaux ; mais le commerce des titres prend une activité de plus en plus notable, les emprunts consentis ou contractés au dehors et la participation aux diverses entreprises étrangères entraînent l'importation ou l'exportation d'un article particulier, lequel consiste en titres de rente, en actions, en obligations, et qui n'est pas plus coté dans les tableaux officiels que ne peuvent l'être les arrérages à servir ou les coupons à toucher. Aussi les engagements réciproques peuvent-ils être balancés, bien que l'un des deux pays ait acheté beaucoup plus de produits qu'il n'en a donné en échange. Tel est, par exemple, l'état normal de l'Angleterre depuis nombre d'années. A étudier les relevés de ces échanges à travers le prisme trompeur des principes sur lesquels repose la balance du commerce, on dirait que l'Angleterre se ruine. C'est par centaines de millions qu'elle compte à chaque exercice l'excédant des importations sur les exportations. Cependant, loin de décliner, elle grandit, et sa richesse, au lieu de diminuer, augmente. Le mot de cette contradiction apparente est facile à saisir : pendant longtemps, l'Angleterre a exporté des capitaux qui se trouvent placés dans les deux mondes, et dont elle perçoit le revenu ; elle touche régulièrement des sommes considérables comme prix du fret payé pour les marchandises qu'elle transporte dans le monde entier et comme droits de commission qu'elle perçoit en qualité de négociant actif et de banquier universel. Au point de vue de l'ancien système mercantile, un pays qui place au dehors un capital considérable et qui prouve ainsi sa puissance d'action arrive à une « balance défavorable, » car il exporte le numéraire, tandis que l'or, attiré par l'emprunt que contracte un pays qui se grève, conduit celui-ci à une « balance favorable. » Cette simple indication suffit pour montrer combien une pareille doctrine est peu acceptable. Le pays emprunteur *exporte* des titres, et les capitalistes prêteurs les *importent* dans leur pays ; le mouvement s'accomplit sans laisser de trace sur les registres de la douane. Il en est de même des opérations courantes de vente et d'achat de toutes les valeurs financières. On a vu des états privés de ressources pour balancer leur position, n'ayant ni numéraire à transmettre, ni produit à vendre en quantité suffisante, contracter un emprunt à l'étranger et exporter des titres publics créés pour satisfaire leurs créanciers. La Russie a plus d'une fois usé de ce procédé. Lorsqu'au contraire les épargnes d'un pays sont considérables et que les bénéfices vont croissant, les habitants achètent des titres étrangers de toute nature ; ces titres permettent ensuite, par le revenu qu'ils procurent, d'accroître les importations des produits. L'entraînement de la spéculation dirigée de ce côté n'est pas exempt de périls pour le capital national, la France ne l'a que trop éprouvé dans ces dernières années, La situation monétaire peut se trouver menacée aussi bien par des placements exagérés que par des achats trop considérables, mais il est nécessaire d'ajouter que les fonds publics et les autres valeurs cotées sur le marché sont d'un maniement plus facile que les autres marchandises ; ils n'exigent presque aucuns frais de transport ou de retour, et n'ont pas besoin, comme les matières premières, d'être transformées par le travail des usines pour circuler de contrée en contrée. On envoie aujourd'hui dans une lettre les fabriques, les chemins de fer, divisés en parts d'intérêts ; ces instruments divers servent à transporter les capitaux d'un pays à un autre sans que l'on puisse apprécier autrement que par les révélations du change l'influence que ce mouvement rapide exerce sur le marché. Faisons remarquer un placement signalé par M. Léon Say ; les titres d'emprunts et les valeurs de toute nature ont une tendance marquée à revenir au pays d'origine. Le motif en paraît simple ; la situation des choses y est mieux connue et plus sainement appréciée, on y mesure d'une manière plus exacte l'étendue du risque affronté. La valeur vénale s'accroît quand l'inquiétude, naturelle à. ceux qui font des placements au dehors, se trouve éliminée par l'examen local, et le titre revient vers le marché d'émission, parce qu'il y atteint le plus haut prix.

Le prêt effectué au dehors fournit dans le titre émis un article d'importation ; le remboursement du capital, renvoyé à une époque lointaine, n'influe guère sur la balance actuelle des engagements nationaux. Il en est autrement du paiement des arrérages, comme aussi des dividendes d'actions, et des intérêts des obligations. Les coupons encaissés d'une manière constante et régulière augmentent la somme exigible à la charge du pays qui a exporté les titres ; c'est une dépense qu'il lui faut couvrir chaque année. Un pays riche, qui a réalisé de nombreux placements à l'étranger, peut, jusqu'à concurrence des revenus ainsi acquis, couvrir un excédant équivalent des importations sur les exportations. Telle est, nous l'avons mentionné, la condition de l'Angleterre. Depuis un quart de siècle, il n'est pas d'années où la différence entre, les importations et les exportations ne se balance dans ce grand état par un chiffre qui varie de 600 millions de francs à 1 milliard et demi au profit des importations. Cette différence est de plus en plus sensible dans les périodes récentes. Ainsi elle était en 1858 et 1859 d'environ 600 millions, et elle a plus que doublé depuis 1861.[1] Aux revenus annuels perçus dans les diverses régions du monde, l'Angleterre ajoute la somme des profits qu'elle réalise dans son immense commerce et celle des commissions qu'elle perçoit. Quand on évalue la quotité des frets touchés pour les transports maritimes et l'ensemble des commissions obtenues pour les opérations de commerce et de banque, on s'explique aisément l'énorme excédant des importations sur les exportations de ce puissant royaume : l'énigme se trouve résolue. Tout peuple qui fait les transports pour le compte des autres acquiert une rémunération qui lui permet de payer les importations des produits : il a commencé par exporter des services rendus. Une nation exclusivement maritime peut rapidement s'enrichir ainsi ; tel a été le levier de la fortune des

---

1 En faisant la somme des exportations et des importations de l'Angleterre pendant la période décennale comprise entre 1858 et 1867, on voit qu'elle a exporté pour une valeur de 47 milliards de francs et importé pour une valeur de près de 60 milliards de francs. Au dire des partisans de la balance du commerce, l'Angleterre aurait donc perdu plus de 12 milliards en dix ans, elle serait ruinée. Une appréciation plus exacte ne voit dans cet excédent des importations que l'équivalent des bénéfices réalisés.

Hollandais lorsqu'ils étaient comme les rouliers de la mer.

L'Angleterre se trouve dans une situation singulièrement favorable pour acquérir le revenu que procurent les intérêts des placements faits, le prix du fret ou le paiement des marchandises exportées. Servant d'intermédiaire au commerce de beaucoup d'autres peuples, conduisant lui-même un commerce colossal dans toutes les parties du monde, ce pays est devenu le grand centre des affaires et des opérations de banque. Sans doute depuis un certain temps l'importance absorbante de ces relations, tout en restant considérable, tend à diminuer ; le nouveau régime commercial adopté par de grands états du continent, en multipliant les rapports extérieurs, a créé des relations directes qui ont permis de laisser de côté l'intervention de la Grande-Bretagne, de réaliser l'économie des commissions et des profits qu'on lui payait. « La tendance de notre époque, dit M. Goschen, est de mettre en rapport plus intime et plus direct le producteur et le consommateur par l'élimination des intermédiaires. » Toutefois, si Londres n'est plus l'entrepôt universel des marchandises pour les marchés étrangers, si les négociants anglais ne fournissent plus presque tout le continent de coton, de café, de sucre, de thé, et se trouvent privés ainsi d'une partie des produits qui dérivaient des frais de commission et de transit, il n'en est pas moins vrai que les relations acquises, les habitudes contractées, la puissance du crédit, retiennent encore à l'avantage de l'Angleterre une somme considérable de profits, rattachés non plus au marché de Londres au point de vue des marchandises et des bénéfices de l'armateur et du négociant, mais aux facilités que procurent les banques publiques et privées et les relations financières. Il est peu de pays qui n'acquittent encore de nombreux intérêts et de larges commissions à l'Angleterre, à laquelle un transit séculaire conserve cette prééminence.

Le mode de règlement des droits divers et des dettes contractées, au nombre desquelles il faut ranger, surtout pour des états tels que l'Angleterre et la Russie, les dépenses de voyage faites par un grand nombre d'habitants, se résume, pour la plupart des transactions internationales, en lettres de change sur l'étranger. Celles-ci forment des catégories nombreuses, qui toutes concourent à la liquidation des comptes respectifs en épargnant les risques et les dépenses du transport du numéraire. Un échange s'accomplit entre le vendeur de l'effet et l'acheteur. Le premier cède contre un paiement sur place le droit qu'il possède vis-à-vis du débiteur étranger, et l'acheteur remet l'effet dont il est devenu maître au créancier étranger qu'il doit lui-même solder. C'est ici qu'intervient l'action du commerce spécial de ces lettres ; elle accommode suivant les circonstances, d'une manière directe ou en accomplissant un circuit nécessaire, les exigences de la demande avec les besoins de l'offre. Les *cambistes*, puisqu'il faut les appeler par leur nom, rendent un service généralement peu compris. M. Goschen a développé un talent remarquable en décrivant avec une lucidité parfaite des transactions que l'on croit hérissées d'aspérités et voilées aux regards du vulgaire par une terminologie technique presque indéchiffrable. Rien n'est omis dans ce tableau, qui emprunte de l'animation et même une sorte d'éclat à la parfaite entente du sujet.

Pour un œil exercé à déchiffrer l'histoire d'une lettre de change, il devient facile à simple vue de lire sur l'effet même la trace de l'origine et d'en déterminer la nature. L'étude d'un gros bordereau apprend beaucoup sur les affaires internationales. On y rencontre d'ordinaire le reflet de toutes les transactions qui se résolvent en engagements d'un pays envers un autre. La majeure partie se compose du prix des produits ou des marchandises, surtout quand il s'agit de contrées éloignées, et dont les relations sont relativement simples. Pour ceux entre lesquels se multiplient les rapports de voisinage, les affaires qui prennent corps dans les lettres de change se diversifient et se compliquent. Les dépenses des résidents étrangers, les encaissements des revenus ou les rentrées provenant de sources nombreuses, — l'achat et la vente des fonds publics, le transport des capitaux, la souscription d'un emprunt, des actions, des obligations, — créent, par exemple, un courant habituel d'effets entre l'Angleterre et la France. Dans toute liasse de billets de commerce, on en rencontre quelques-uns tirés pour le remboursement des frets. Il est des pays dont l'industrie maritime est développée, et qui possèdent peu de produits exportables. En Suède et en Norvège, dans les remises à faire à l'étranger, on ne trouve guère que des effets émis pour la vente du bois ou pour le paiement du fret à solder aux navires de ces deux états. Leurs importations sont entravées par la difficulté d'envoyer « des signatures de premier ordre. » L'Inde et la Chine expédient des articles d'une grande, valeur, dont l'envoi sur les marchés de consommation du monde exige un capital considérable. Aussi les affaires se concentrent-elles entre les mains, de ; quelques maisons très puissantes et très riches, et les effets, généralement très bons, sont tirés par grosses sommes, par centaines de mille francs, sur des maisons d'Europe de première classe. L'importance de chaque négociation et la longueur de crédit que la distance rend nécessaire exigent de grandes précautions, et ne permettent de tirer que sur des personnes d'une solvabilité parfaitement reconnue. Il en est autrement des remises du continent vis-à-vis de l'Angleterre. La fréquence des transactions et la facilité des communications multiplient les titres de forme variée, qui descendent jusqu'à de faibles sommes ; ces effets représentent des transactions de détail aussi bien que les grandes opérations des marchands et des banquiers. Chaque bordereau du continent reçu par un négociant de Londres, pour une valeur de 10 ou 20,000 livres sterling renferme des traites de voyageurs, des effets tirés pour vente de bétail, d'œufs et de beurre, de jouets allemands, d'objets de fantaisie de France, de vins, de fruits, de légumes. A côté de noms connus et considérables, on y rencontre une véritable mêlée de personnes d'une position modeste engagées dans toute sorte d'affaires secondaires, de petits boutiquiers, de marchandes de modes, d'agents difficiles à classer. Les traites américaines ressemblent à celles de l'Inde : tirées généralement pour vente de coton, elles représentent de grosses valeurs ; mais les opérations entre New-York et Liverpool sont plus faciles à engager et beaucoup plus rapides à conduire que celles entre Londres et la Chine ; aussi voit-on figurer parmi les obligés beaucoup de commerçants peu connus à côté des noms les plus considérables.

En dehors de ces opérations directes, résultat d'un engagement ordinaire entre le tireur et l'accepteur, se trouvent des effets qui représentent une dette au profit du tireur, dette contractée par un tiers qui habite un pays différent. L'accepteur ne représente alors qu'un simple intermédiaire qui facilite le paiement. Ainsi les thés envoyés de Chine à New-York sont généralement payés par une traite tirée par l'exportateur sur un négociant de Londres, pour compte de l'importateur américain ; le marchand chinois négocie cette traite pour obtenir le prix de la marchandise livrée, et l'acheteur de New-York s'acquitte vis-à-vis du négociant de Londres par un envoi de fonds ou par une traite correspondante fournie pour du coton ou pour tout autre produit des États-Unis. Les traites acceptées pour compte de tiers compliquent la situation, elles exigent qu'on mesure non-seulement les relations entre l'Angleterre et l'Amérique, mais aussi celles de l'Amérique avec l'Orient. Cet examen plus général a surtout de l'importance en ce qui concerne les effets sur l'Angleterre, dont une très grande partie représente de simples acceptations pour compte d'autres pays.

Quelle est la cause de ce circuit, et pourquoi la Chine préfère-t-elle tirer des traites sur Londres plutôt que sur New-York ? Pourquoi celui qui expédie du coton de la Nouvelle-Orléans en Russie se couvre-t-il de ce qui lui est dû en créant des lettres de change sur Londres et non sur Saint-Pétersbourg ? Ce n'est pas seulement parce que les banquiers de Londres ouvrent de plus larges crédits, ou parce que la notoriété universelle de certaines maisons anglaises accroît la valeur des titres qu'elles doivent solder, c'est surtout parce que la masse des exportations anglaises fait que presque tous les pays du monde doivent, pour s'acquitter, faire des remises sur Londres. Les exportations des divers états ont beau recevoir une destination différente, les effets qui les traduisent finiront par arriver en Angleterre. Il y aura toujours une demande établie sur les banquiers de Londres, et les effets anglais seront plus facilement négociés, en vertu de la force des choses qui résulte de l'ancienneté des relations et crée un courant naturel d'opérations fructueuses. Il ne saurait y avoir de change qu'avec une place sur laquelle on dirige constamment des remises. Dans tout état, ces transactions se centralisent en certaines localités qui donnent un change régulier.

Les quelques exemples habilement mis en relief par M. Goschen ne laissent subsister aucun doute à cet égard. L'Angleterre exporte des quantités fabuleuses de marchandises de Manchester en Orient ; elle reçoit en échange de la soie et du thé. Si la valeur de ces produits reste supérieure à celle des marchandises reçues de la Grande-Bretagne, il faudra recourir à l'Amérique pour arriver à l'équilibre. Les États-Unis exportent peu en Chine, et achètent beaucoup de thé et de soie ; ils sont créanciers des Anglais et débiteurs des Chinois. Au moyen de traites fournies de Chine sur Londres pour compte américain, tout se balance. Puisque l'Angleterre achète et vend à tous les pays de l'univers, et que les relations créées par le remboursement du fret, la perception des revenus et les profits réalisés entretiennent vis-à-vis d'elle des ouvertures continuelles de *doit* et d'*avoir*, tout le monde se trouvant en rapport avec ce grand pays, ce dernier sert de point de rencontre naturel à l'acquittement par compensation de la plupart des engagements contractés.

Cette règle commence à recevoir certaines exceptions qui ne font que confirmer le principe. Du moment où un échange constant de produits, de capitaux ou de services s'établit entre deux pays, ils ne tardent pas à établir entre eux un change direct. C'est ce qui a eu lieu pour Java et la Hollande, pour Brème et New-York, pour Hambourg et Rio-de-Janeiro. Il y a peu d'années encore, les négociants de New-York tiraient sur l'Angleterre les effets destinés à solder le tabac expédié à Brême, tandis que les marchands de cette ville achetaient les traites du Holstein et des Pays-Bas, émises pour le paiement du bétail et du beurre envoyés en Angleterre. Aujourd'hui l'Allemagne vend aux États-Unis beaucoup de produits manufacturés, et l'on trouve sur le marché américain des acheteurs d'effets sur Brème ; on n'a plus besoin d'intermédiaire, car le coton et le tabac embarqués en Amérique servent directement à payer les produits allemands.

Il n'existe point encore de relations mutuelles et constantes entre l'Allemagne et Bombay, qui fait presque tous ses achats en Angleterre. Aussi les négociants de Bombay, ne rencontrant pas de marché suivi pour céder leurs traites sur Brème ou sur Hambourg, tirent sur Londres au compte allemand, et se remboursent ainsi de ce qu'ils ont vendu à la confédération germanique. Ils invitent de cette manière leurs créanciers anglais à se faire solder par leurs débiteurs allemands, qui rencontrent dans l'achat des effets sur Londres le meilleur moyen de se libérer. Ce que nous venons de dire de Bombay et de Brème se présente chaque jour pour des places nombreuses ; il naît ainsi une masse énorme d'effets qui circulent afin d'effectuer ces règlements indirects. Londres les attire ; cette marchandise spéciale y afflue, comme toutes les traites se centralisent dans les lieux de grande consommation ; la métropole de l'Angleterre devient le *clearing-house* de l'univers, et liquide la plupart des opérations internationales. Tout le mouvement des échanges aboutit à Londres, comme au centre financier du monde.

Nous pouvons connaître l'origine des engagements divers représentés par les lettres de change, la manière dont elles apparaissent. Nous savons comment ces titres fonctionnent jusqu'au moment où ils s'éteignent par voie de paiement ou de compensation. Il reste encore à mentionner une catégorie d'effets étrangers qui ne représentent point une dette, mais qui servent plutôt à contracter un emprunt ; ils ressemblent à ce qu'on nomme des billets de complaisance. M. Goschen n'est pas disposé à les condamner d'une façon absolue, il les tient seulement en défiance, et il invite à porter un examen attentif pour distinguer ceux qui sont créés par anticipation d'une affaire réelle de ceux qui reposent sur la fiction. Les importations et les exportations d'un pays peuvent ne pas s'effectuer aux mêmes époques ; la récolte de la Russie succède à des achats faits au dehors pendant la majeure partie de l'année, et dont le paiement se trouve retardé. Avant que les effets ne puissent être tirés, en donnant aux cargaisons de blé une forme facilement négociable, l'échéance ces dettes contractées arrive ; il faudrait donc expédier de l'or pour les payer, sauf à recevoir ce même or en retour des grains livrés plus tard. Pour éviter la gêne et les frais d'un double transport de numéraire, les banquiers russes tirent sur l'étranger à un moment où ils ne pourraient trouver aucune lettre de change qui fût le résultat d'une vente réelle, et ils compensent ces effets créés à découvert en achetant les titres réguliers qui servent au paiement des denrées embarquées dans l'intervalle. C'est comme un pont jeté entre deux opérations régulières. Il faut, comme pour toute construction aérienne, surveiller cet édifice d'un œil attentif et soupçonneux ; il est sans cesse exposé à être emporté par une bourrasque financière, surtout lorsqu'à côté du service qu'il est appelé à rendre vient se glisser une spéculation peu scrupuleuse sur le choix des moyens destinés à procurer l'usage temporaire du capital. On arrive par la pratique commerciale à acquérir un tact qui permet de ne pas confondre l'instrument délicat, mais utile dans certaines circonstances, avec l'instrument périlleux et fictif d'une opération qui ne repose sur aucune base sérieuse et qui se résout en un emprunt déguisé et dépourvu de toute garantie. C'est dans cet examen que se révèle l'habileté du banquier, qui doit distinguer l'opération légitime de la supposition frauduleuse.

Section II

Qu'est-ce qui détermine le *cours du change*, et comment ce cours peut-il aider à la solution des questions les plus délicates qui s'élèvent sur le marché financier et monétaire ? Voilà ce qui nous reste à étudier. Nous avons déjà indiqué comment la masse relative des engagements influe sur le prix des effets de commerce, la limite de la prime à payer ou de la perte à subir étant posée par le montant des frais de toute nature qui accompagnent le transport d'une pareille somme de monnaie. Celle-ci constitue le régulateur du marché universel. Non-seulement elle forme l'équivalent de tous les produits et de tous les services, fractions infinies de la valeur qui se trouvent ramenées à un commun dénominateur dès qu'elles sont traduites en langue métallique, mais encore elle constitue un moyen de libération obligatoire. Grâce à la monnaie, toutes les transactions reçoivent un sens précis ; la bonne foi et la justice y président. La question de savoir ce que vaut tel produit ou tel service dans telle ou telle contrée se résout toujours dans la quotité de monnaie qu'on peut recevoir en échange, et il n'en saurait être autrement, puisque le prix est simplement la valeur des choses exprimée en monnaie. Il suffit de ne point perdre de vue cette définition élémentaire pour se préserver de beaucoup d'erreurs journellement commises en cette grave matière. Rien n'est donc plus essentiel pour la sécurité et pour la sincérité des relations que de maintenir une monnaie fidèle, droite de poids et de titre. Le change assure ce grand résultat en même temps qu'il accomplit au meilleur compte la liquidation de tous les engagements internationaux, les ajustant en quelque sorte réciproquement, pour éviter les frais, les risques et les pertes d'envoi du numéraire.

Ce simple échange de dettes et ce transfert de créances est sujet à des fluctuations continues, moins régulières, mais tout aussi vivantes que le mouvement de la mer. Tous les créanciers à titre quelconque constituent comme un groupe qui se met en contact avec un autre groupe formé de débiteurs qui ont des dettes à liquider. On pourrait admettre par la pensée que tout se trouvera éteint par une compensation mutuelle, sans qu'on mette en mouvement une pièce de numéraire, et cependant la monnaie, quoique absente matériellement, sera toujours virtuellement présente comme mesure des valeurs, comme régulateur suprême du marché, comme sens intime des contrats. Les variations du change n'ont qu'un résultat, celui de maintenir partout cette identité monétaire qu'on essaiera vainement de réaliser d'une manière absolue par des voies matérielles. Elles servent de frein aux émissions des billets de banque, faisant office de monnaie, et aux fraudes arbitraires de la monnaie de papier. Comme l'a si profondément compris Montesquieu, le change, en soumettant sans, cesse les conventions à une pierre de touche infaillible et en disciplinant les intérêts, exerce une influence heureuse au double point de vue de la politique et de la morale.

Quand le change porte sur des effets à vue, formulés en monnaie identique, le cours de ceux-ci flotte entre les deux points extrêmes, que marquent en hausse comme en baisse les charges du transport des espèces. Il touche rarement ces limites, car on prend des mesures et on lie des opérations pour prévenir de pareils écarts de prix aussitôt qu'on commence à les redouter. A mesure que la civilisation avance, que les applications merveilleuses de la science se multiplient, que la sécurité des expéditions commerciales, augmente, que les moyens rapides de transport diminuent en quelque sorte la distance en abrégeant le temps nécessaire pour accomplir les transactions et en accélérant la transmission de la pensée, les différences énormes qu'entraînait jadis l'envoi des espèces s'effacent, 'les variations du cours du change se restreignent. La vapeur et le télégraphe sont, les deux leviers les plus énergiques de cette tendance de plus en plus prononcée qui, en donnant plus de liberté et de sécurité aux opérations commerciales, leur imprime en même temps plus de rectitude.

Il est cependant des circonstances où le change baisse ou hausse au-delà, du prix des espèces. Ce sont les époques d'agitation, et de trouble, pendant lesquelles les craintes mises en, éveil font attacher beaucoup, de prix à la question de la réalisation des titres. Les porteurs des effets consentent alors aux plus larges sacrifices pour s'assurer des rentrées immédiates » Telle a été en 1861 la situation des États-Unis. Ceux qui dans ce pays avaient à recevoir le paiement de traites payables en Europe pouvaient s'en faire expédier le montant en or ; ils n'auraient payé que le prix du transport. Ils préféraient subir une perte beaucoup plus forte, parce que l'influence de, la

panique leur faisait, souhaiter par-dessus tout de toucher sans retard de la, monnaie métallique. Ils se laissaient dominer par l'ap-
préhension du danger, *calamitatis meltu*, pour employer l'expression célèbre de lord Overstone. Quand un pareil désarroi atteint
le commerce, on ne consent pas volontiers à se séparer pendant
des semaines de la seule valeur qui semble être à l'abri de toute
commotion profonde, du numéraire. On se décide plus difficile-
ment à l'aliéner pour l'achat de lettres, de change, même quand
elles promettent un remboursement prochain. Dans l'intervalle,
le taux de l'intérêt peut monter assez haut pour absorber et pour
dépasser le profit obtenu. Supposons, par exemple, que le change
donne un bénéfice de 1 1/2 pour 100 et qu'il faille attendre un mois
pour opérer l'encaissement de l'effet et recevoir les espèces. en dé-
falquant 1/2 pour 100, que l'on peut supposer à un pareil moment
nécessaire pour couvrir les frais de transport et l'assurance des
risques, il restera 1 pour 100 pour le loyer mensuel du capital, ce
qui équivaut à un intérêt de 12 pour 100 par an. La perspective est
favorable quand le taux de l'escompte est à 6 pour 100 ; mais si ce
taux s'accroît. s'il atteint 12 pour 100, tout le bénéfice est effacé. S'il
s'élève subitement à 24 pour 100, comme on l'a vu à New-York, le
gain espéré se transforme en une perte correspondante. L'état du
marché où l'argent se resserre exerce ainsi une action décisive sur
le change ; l'offre des effets augmente, et la demande diminue.

Nous avons parlé des effets à vue, afin d'étudier d'abord l'influence
dominante de la somme des engagements respectifs, en éliminant
les causes accessoires, souvent fort actives, qui modifient le cours
du change, tel qu'il résulte du simple rapprochement de l'actif
et du passif, ainsi que du calcul des frais d'envoi du numéraire.
Quand, au lieu des effets à vue, on négocie des effets à échéance
plus ou moins rapprochée, celui qui les achète doit subir la perte
de l'intérêt des avances jusqu'au moment du remboursement. S'il
veut devancer ce moment, il faut qu'il fasse escompter le billet au
taux de la place où le paiement doit avoir lieu. C'est ainsi que le
taux de l'escompte dans le pays débiteur modifiera le prix des effets sur la place étrangère d'où on les tire ou à laquelle on les a
transmis, et il exercera une influence d'autant plus grande que le
terme du paiement sera plus éloigné. Les effets *longs*, c'est-à-dire
les effets qui ne doivent être payés qu'à un délai plus ou moins

rapproché, éprouvent le contre-coup des événements qui affectent les effets *courts*, c'est-à-dire les effets à vue. Ils sont en outre soumis à d'autres et nombreuses influences qui modifient l'expression du cours normal du change d'une place sur une autre. C'est à la cote des effets courts qu'il faut recourir pour connaître la situation monétaire, en la dégageant de l'empire qu'exercent le taux de l'escompte, la date de l'échéance, le mode de paiement, la situation politique.

L'immense majorité des effets se place dans la catégorie de ceux qui sont payables à diverses époques, soit à partir du moment où on les émet, soit à partir du moment où on les présente à l'acceptation. Deux nouveaux éléments entrent dès lors dans la valeur des effets. Celui qui fait l'avance, donnant le prix d'un effet qu'il ne doit toucher qu'à terme, réclame le loyer correspondant du capital, et le touche sous forme de déduction sur le prix de l'effet. En outre la confiance qu'inspire la solvabilité tant du tireur que de l'accepteur se traduit d'une manière différente quand les prévisions doivent s'appliquer aux divers délais de l'échéance ; elle se mesure et sur la situation personnelle du créancier et sur celle du débiteur, garants solidaires du paiement, et sur l'état du crédit dans les deux pays mis en contact. Celui qui achète une lettre de change pour solder une dette doit l'intérêt de celle-ci jusqu'à l'échéance. Il faut qu'il paie la durée du retard. C'est ici que s'applique de la façon la plus directe le dicton anglais, *time is money*, le temps est de l'argent. Le temps représente d'autant plus d'argent qu'il se prolonge davantage, que la sécurité est moins grande, ou que le besoin d'obtenir des fonds disponibles augmente. — La valeur et la notoriété personnelle de l'homme, le crédit du pays, jouent ici un grand rôle ; c'est la solidité de l'Angleterre, la connaissance des noms de ses négociants et de ses banquiers, que des relations suivies ont portés dans toutes les régions du monde, qui a fait de Londres le marché de compensation de l'univers entier. La cote des effets à longue échéance varie suivant la puissance des maisons de commerce ; le taux auquel celles-ci peuvent négocier leur papier est la mesure du crédit qu'elles possèdent et la représentation du risque que, suivant l'opinion générale, elles font courir. Il en est de même des nations ; il est des moments où celles qui commandaient le mieux la confiance tombent en discrédit. Nous l'avons constaté, il y a deux ans, lors de la grande crise financière qui secoua si rudement le marché de la Grande-Bretagne. Tout le monde voulait être payé, même au prix d'un rude sacrifice ; comme on voit assiéger les portes d'une banque, lorsque la foule inquiète se précipite pour demander le remboursement des billets, de même une espèce de course vertigineuse entraînait les porteurs des engagements souscrits au-delà du détroit, et amenait ce *run upon England* dont sir Stafford Northcote traçait à la chambre des communes le saisissant tableau. Quand un pareil ébranlement se produit, il devient difficile de vendre les effets qui doivent être payés dans un pays où l'on se défie de tout le monde. La confiance qui abandonne l'*accepteur* se concentre sur le *tireur* de la lettre de change. Le but du contrat est toujours le même, la remise d'une somme d'argent ; les tempêtes dont le marché monétaire de l'état qui doit effectuer le paiement se trouve assailli agissent donc sur le cours des effets dont il se constitue débiteur. Les engagements excessifs et la dépréciation de l'agent de la circulation aboutissent à un résultat équivalent.

La répartition des métaux précieux entre les diverses régions du monde s'accomplit sous l'influence du change, qui reflète le résultat de tous les engagements traduits en langage monétaire, non-seulement des engagements du commerce, mais de l'ensemble des stipulations quelconques. Il est le grand niveleur qui entretient l'égalité des transactions ; il compense les différences temporaires. Le pouvoir d'acquisition que possède la monnaie ne dépend d'aucun arrangement arbitraire,[1] et la distribution du médium de la circulation, qui sert en même temps de mesure des prix, d'évaluateur commun, se détermine par l'action libre du commerce. « Les métaux précieux, dit Ricardo, obéissent à l'impulsion de la concurrence pour correspondre aux besoins de chaque contrée en s'adaptant aux relations établies. » Il ne saurait rester dans un pays quelconque plus d'espèces que celles qui se trouvent utilisées ; dépassez cette limite, et vous diminuez la puissance d'acquisition du numéraire ; il s'écoulera sur les marchés où il vaudra davantage, c'est-à-dire où il exercera une action plus large par l'achat. Ce mouvement se trouve nettement exprimé par le prix des effets à vue, qui reflète la situation de la place d'une manière précise et directe en dehors de toute autre influence.

---

1 Laing, *the Theory of business*, p. 120.

La plus active et la plus constante de ces influences est, on ne saurait trop le répéter, le taux de l'escompte dans le pays sur lequel sont tirés les effets à échéance plus ou moins éloignée. Nous préférons nous servir ici de l'expression « escompte » au lieu d'employer, comme on le fait le plus souvent, le terme « intérêt. » Cette dernière dénomination s'applique d'une manière plus directe à une location prolongée, tandis que, si le capital conserve une disponibilité presque constante, s'il n'est avancé que pour peu de mois ou pour quelques semaines sur une lettre de change dont il effectue le paiement anticipé, il obtient une rémunération sous forme d'escompte. En s'attachant à cette distinction, l'on reconnaît facilement que des lois différentes régissent le taux de l'intérêt et celui de l'escompte. Tantôt le placement éphémère devient l'objet d'une préférence marquée, tantôt on aime mieux s'assurer un revenu constant par un placement durable. Dans des moments d'inquiétude, lorsque la confiance est ébranlée et qu'on ne fait presque de calculs que sur un espace de temps restreint, si les capitaux se présentent en abondance, sans vouloir courir les chances d'un engagement prolongé, le taux de l'escompte peut être bas, et le taux de l'intérêt, qui comprend les valeurs de placement, être élevé. On fait entrer en ligne de compte non-seulement le terme, mais la forme sous laquelle on rentrera dans la somme aliénée. L'escompte assure un paiement rapproché et intégral ; l'intérêt, l'arrérage, le dividende, qui équivalent à l'intérêt, tout en procurant un avantage marqué, exposent à une perte sur le capital placé au moment où l'on voudra le réaliser. Il arrive donc, et nombre de pays en ont fait l'expérience récente, que le taux de l'escompte s'affaisse, tandis que le taux de l'intérêt monte, quand il ne demeure pas stationnaire. La célèbre maxime de Turgot ne doit être appliquée qu'avec cette réserve ; c'est seulement lorsqu'il s'agit de placements à long terme que l'on peut regarder la baisse du taux de l'intérêt comme un signe et un levier de la prospérité publique, et encore ne faut-il pas s'en rapporter d'une manière trop absolue aux indications d'un pareil thermomètre. La réduction du taux de l'intérêt peut venir aussi bien de l'absence d'entreprises profitables ou de la stagnation des affaires que de l'abondance des ressources disponibles. Quant au mouvement du taux de l'escompte, il subit d'une manière bien plus énergique l'influence des circonstances transitoires : la redevance perçue peut se réduire de beaucoup sans autre cause que l'absence de la confiance dans l'avenir et la paralysie des entreprises ; elle peut aussi grossir très rapidement sous les impressions variables du marché monétaire. Dans ce dernier cas, la situation inverse se produit d'une façon complète. Si on est rassuré sur l'avenir, mais exposé à un embarras transitoire du marché, on préfère placer son avoir dans des valeurs solides, dont le prix se trouve momentanément déprécié, plutôt que de recueillir le bénéfice d'un escompte élevé, mais qui ne porte que sur une période courte. Alors le taux de l'escompte peut s'élever beaucoup au-dessus du taux de l'intérêt. Nous ne nous occupons encore que de cette situation respective des deux modes d'emploi des fonds disponibles ; nous aurons à parler plus tard de l'influence qu'exerce le taux élevé de l'escompte sur les mouvements du marché monétaire.

Une comparaison vulgaire permettra de bien saisir la distinction que nous avons essayé de tracer. Le placement normal des capitaux engagés pour de longues périodes de temps peut être assimilé à la location des appartements dans les villes par baux de trois, six et neuf ans ; l'emploi des fonds à l'escompte serait comme la location transitoire des appartements meublés. Il est des saisons, aussi bien dans les grandes villes que dans les localités qui réunissent les étrangers, soit pendant le séjour des eaux minérales, soit pendant la villégiature, où le loyer d'un appartement meublé s'élève dans une progression rapide ; il en est d'autres où il descend au-dessous de la fraction correspondante du bail servi au propriétaire par le principal locataire, qui abandonne par-dessus le marché l'usage des meubles. Les choses se passent exactement de même sur le marché de l'escompte. Des variations nombreuses peuvent l'atteindre, alors que le marché de l'intérêt ne sera que faiblement affecté par les circonstances.

Le mouvement rapide du capital, sous la forme de numéraire ou de métaux précieux, permet, à mesure que les variations de l'escompte se produisent avec des écarts plus considérables, de rétablir l'équilibre par des envois de fonds à l'étranger ou par l'achat des titres de créance. En considérant la situation sous un autre aspect, cette fluctuation de l'escompte amène forcément le déplacement du capital ; elle peut agir sur le montant total des engagements ou faire ajourner l'époque du remboursement demandé ; elle doit aussi provoquer le déplacement du numéraire lorsque la demande accrue de la monnaie en fait monter le loyer. La monnaie est une marchandise, s'écrient tous les économistes, et ils ont raison. Comme marchandise, elle subit la loi des prix, qui se traduit par la quotité des objets livrés en échange, elle afflue là où elle obtient une plus grande puissance d'acquisition, et, pour en proportionner l'abondance aux besoins de la fonction qu'elle est appelée à remplir, il faut avant tout garantir la pleine liberté des métaux précieux, aussi bien à l'entrée qu'à la sortie du territoire. Toutefois il ne faut pas méconnaître les conditions qui décident de la direction du mouvement. Il faut savoir se résigner à payer l'argent, comme le blé, plus cher quand il vient à manquer. La disette d'argent exerce une pression au moins égale à celle que produit la disette du blé, car le besoin du *medium* de la circulation n'est pas moins urgent que le besoin des substances alimentaires. Il réagit même d'une façon plus énergique sur la valeur de toute chose, car, s'il est parfaitement exact de dire que la monnaie est une marchandise et qu'elle est soumise aux lois qui dominent le marché ordinaire, il importe d'ajouter que la monnaie n'est pas une marchandise comme une autre, qu'elle possède un caractère qui n'appartient qu'à elle seule et qui la distingue entre toutes, que la monnaie est seule douée de puissance libératoire pour accomplir par la voie légale la solution de tous les engagements, pour faire aboutir tous les contrats. Le caractère juridique qui la distingue s'ajoute au caractère économique qui lui appartient pour lui assigner un rang élevé dans les transactions sociales. Signe et gage de toutes les conventions, *medium* de tous les échanges de produits et de services, mesure commune de toutes les valeurs, la monnaie est aussi l'instrument légal de la libération pour toutes les dettes contractées, pour tous les engagements stipulés. Le système mercantile a eu comme une vague prévision de cette situation spéciale des métaux précieux, et il s'est attaché à multiplier les combinaisons artificielles et les actes de contrainte pour en acquérir la possession, sans se douter que cette marchandise si nécessaire, qui exerce une action si puissante sur l'ensemble des opérations commerciales, demeure sourde aux exhortations, insensible aux menaces, rebelle à l'arbitraire, qu'elle s'en va, quoi qu'on fasse pour la retenir, et qu'elle revient sans qu'on l'appelle, dirigée uniquement par le courant qu'imprime la loi du profit.

Cette loi du profit s'exerce avec une irrésistible influence quand il s'agit de fixer le cours du change ; elle se révèle surtout du moment où l'on négocie les *effets longs*, qui doivent franchir un délai plus ou moins étendu pour arriver à maturité, c'est-à-dire pour devenir exigibles. Il serait inutile d'insister davantage sur ce point ; personne ne saurait disconvenir que la déduction à faire sur un effet quelconque se mesure sur le temps qui reste à courir pour que le paiement arrive à échéance et sur le taux de l'escompte qu'il faut solder sur la place où l'on en doit toucher le montant. Plus cette déduction est élevée, et plus le détenteur du titre se trouve engagé à ne pas devancer l'époque du remboursement et même à l'ajourner, plus aussi ceux qui possèdent des fonds libres sont invités à les faire servir à ce genre d'emploi. La fixation du taux de l'escompte exerce une action souveraine sur les mouvements du capital disponible et sur le cours du change. Réciproquement le cours du change sert de moniteur pour indiquer quelles sont les mesures à prendre relativement au taux de l'escompte, pour exercer une action décisive sur le courant des capitaux libres et sur la position du marché monétaire. Le change est une *vendition d'argent* livrable sur une place déterminée. La qualité de la monnaie qui résout ce contrat influera donc sur le cours du change autant et souvent beaucoup plus que le taux de l'escompte. La dépréciation de l'agent de la circulation dans le pays débiteur se traduit immédiatement sur la cote de la bourse, ou sur la cote du *Royal Exchange*, comme le disent les Anglais. On paie d'autant moins le billet que la monnaie dont il stipule le paiement vaut moins. S'il ne s'agit que d'une position de place, la différence peut être promptement effacée ou déplacée ; il en est tout autrement s'il s'agit de l'altération intrinsèque de l'agent de la circulation, soit qu'elle provienne d'une dégradation du titre, soit qu'elle dérive de la substitution de la monnaie de papier au numéraire métallique. Le cours du change, révélateur inexorable de la fraude et dénonciateur de l'acte arbitraire, remet les choses sur le pied véritable, il fournit immédiatement une preuve décisive pour constater une fois de plus l'impuissance de la force. En dehors de ces variations monétaires, il existe aujourd'hui une cause de légère complication dans le calcul. Celle-ci ne présente qu'un obstacle facile à surmonter, et ne trouble point le cours régulier des transactions. Entre deux pays dont l'un a pour agent légal de la circulation l'or et l'autre l'argent, la valeur respective de ces deux métaux précieux et les variations qu'elle subit agiront nécessairement sur le cours du change ; mais elles ne peuvent l'affecter que dans une proportion restreinte. Une solidarité intime, qui provient de la similitude des fonctions, relie en effet d'une manière intime le prix de l'or et le prix de l'argent, envisagés comme marchandises. Ils peuvent être, et ils sont chaque jour, soit dans les mêmes états, soit dans des états différents, aptes à revêtir le caractère légal d'instrument libératoire ; cela suffit pour entretenir entre eux un certain équilibre, et pour diminuer les oscillations respectives. Constamment le besoin de se procurer l'un des deux métaux pour effectuer des paiements dans les pays où il forme la base de la circulation fait rechercher les billets payables sur les places où ce métal constitue l'élément légal des échanges. Il en est ainsi du commerce anglais lorsqu'il achète du papier sur Hambourg pour effectuer des paiements dans l'Inde ou dans l'extrême Orient. La variation du prix relatif des métaux précieux s'écarte peu du centre de gravité auquel le ramène le rapport légal fixé dans les pays où l'or et l'argent contribuent à former le système monétaire. Ce rapport constitue, pour ainsi dire, le pair du change entre l'or et l'argent. L'expérience accomplie depuis le commencement du siècle à travers les révolutions soudaines et profondes auxquelles a été exposée la production des métaux précieux fournit la démonstration décisive de ce phénomène, trop peu aperçu et trop peu mis en ligne de compte quand il s'agit des problèmes que soulève l'unité monétaire.

Si, au lieu d'avoir simplement affaire à une différence de métal ou à des inégalités de titre et de poids, on se trouve en présence d'une monnaie de papier à circulation illimitée et non convertible en or, tout calcul précis devient impossible ; le cours du change se trouve constamment exposé à la pression, des événements extérieurs. La limite du change ne se rencontrera plus que dans la seule concurrence de ceux qui offrent ou qui demandent des traites sur l'étranger. Quand le billet de banque est convertible en or à première demande et que cette conversion se trouve suffisamment garantie par le maintien d'une forte proportion de gage métallique, l'émission du papier faisant office de monnaie n'agit sur l'ensemble de la circulation qu'autant qu'elle peut en avoir outre mesure enflé la masse ou détérioré la qualité en provoquant une périlleuse exportation de métaux précieux. Il en est tout autrement quand on se trouve en présence du papier-monnaie proprement dit.

L'alternative de recevoir de l'or en échange du papier permet à la circulation mixte de se comporter à peu près comme le ferait une circulation purement métallique. Il faudrait que la portion des instruments d'échange et de libération qui n'est pas échangeable contre le numéraire fût extrêmement limitée, il faudrait qu'elle excédât peu le mouvement habituel des caisses publiques, toujours prêtes à recevoir ce papier à titre d'anticipation sur l'impôt exigible, comme cela se pratique en Hollande et en Prusse, pour que l'ensemble des relations n'en éprouve aucune atteinte sensible. Quand au contraire un état obéré a recours à un pareil expédient, il est presque impossible qu'il s'arrête sur la pente. Il est si commode de se procurer gratuitement des ressources immédiatement disponibles en promenant sous une presse complaisante quelques rames de papier, que les gouvernements, une fois en possession d'une aussi attrayante faculté, résistent rarement à la tentation. Les limites d'abord posées ne tardent point à être franchies, et plus la puissance de l'instrument s'émousse par la multiplication des titres lancés dans la circulation, plus on en fabrique afin d'atteindre un résultat déterminé : *abyssus abyssum invocat*. C'est l'éternelle histoire de tous les assignats.

Le mal trouve sinon une atténuation, du moins un contrôle dans la prime qui s'établit sur le marché monétaire entre l'or et l'argent, traités comme des marchandises ordinaires, et le papier déprécié. La puissance d'acquisition de celui-ci rencontre une mesure dans la quotité d'or et d'argent fins contre laquelle il s'échange et qui permet d'établir un rapport exact entre le marché livré au papier-monnaie et les marches où règne la fixité de l'élément métallique. Tel est aujourd'hui le cas pour les États-Unis et pour l'Italie ; la cote régulière de l'or détermine chaque jour la valeur véritable des *greenbacks* ou des billets à cours forcé. Le cours forcé aboutit ainsi à une illusion ; il se réduit en une sorte de banqueroute partielle commise à l'égard de ceux qui ont stipulé une obligation avant l'émission imposée du papier. Quant aux négociations postérieures, tout se réduit à une complication de calcul, et le change peut encore s'établir sur une base régulière. Le pair nominal était par exemple à 100 de New-York sur Londres, 40 dollars étant estimés contenir autant d'or que 9 livres sterling ; mais une correction provenant de la rectification de Terreur commise ajoutait à ce prix 9 pour 100, et portait le change effectif à 109. Si l'or obtient sur les *greenbacks* une prime de 40 pour 100, l'acheteur d'un effet sur l'Angleterre doit le payer dans la même proportion, c'est-à-dire ajouter un supplément de 40 pour 100 au taux primitif de 109. On arrive ainsi au chiffre de 152 3/5 pour le change présent.[1]

Lorsque, l'arbitraire fait un pas de plus, lorsque pour éviter un rapprochement humiliant ou pour pousser à bout une doctrine décevante, il interdit la cote de l'or et prohibe l'exportation des métaux précieux, il n'est plus possible de tourner la difficulté. Les créanciers du pays ainsi gouverné ne peuvent plus, en important de l'or, faire le calcul de la perte subie sur le papier, instrument nominal du paiement ; ils sont forcés de recevoir des effets d'une valeur aléatoire. Les débiteurs qui habitent le pays ne sauraient non plus limiter la perte qu'ils subissent en achetant des remises comme lorsqu'ils pouvaient expédier du numéraire au dehors. La violence aveugle des règlements oppressifs les écrase. La hausse nominale du prix de toute chose se résout en une triste fantasmagorie, et l'équilibre finit par se rétablir, mais au détriment de la chose publique et des intérêts privés. Personne n'y gagne que les manieurs d'argent, les *cambistes*, mieux informés que les autres, plus aptes à profiter promptement de toute circonstance favorable, et à réaliser le bénéfice que leur offrent la hausse et la baisse alternatives de titres privés de tout contrôle efficace. Ce que nous disons là n'est point un grief élevé contre le commerce du change, qui rend toujours un service utile et qui dissipe les erreurs de la fiction : c'est simplement une accusation irréfutable portée contre les systèmes qui entraînent de pareils résultats. On croit détrôner ce qu'on a si étrangement nommé « la tyrannie de l'or et de l'argent » en substituant au numéraire métallique le papier à cours forcé, et l'on ne fait qu'augmenter la puissance et les bénéfices de ceux qui détiennent l'or et l'argent entre leurs mains. Quels sont ceux qui supportent la perte principale ? Les artisans, les ouvriers, les laboureurs, les salariés de tout ordre. En Autriche, lorsqu'il a été question de re-

---

1 On ajouta 40 au prix nominal de 100, — ce qui donne 140 ; ensuite on augmente cette dernière somme de la prime de *correction* de 9 pour 100, nécessaire pour arriver au *pair effectif*, plus 40 pour 100 d'accroissement sur ce supplément, c'est-à-dire 3 3/5e, ce qui produit le total de 152 3/5e.

mettre la circulation sur un meilleur pied, les manufacturiers déclarèrent qu'ils avaient rencontré la source d'un bénéfice dans la dépréciation de la monnaie, le prix de la main-d'œuvre n'ayant pas monté dans la même proportion que la valeur des produits fabriqués.[1] Voilà où aboutissent certaines doctrines dont l'impuissance se drape dans une fausse tendance démocratique.

L'interdiction ou l'impossibilité du transport du numéraire expose les changes à des variations en quelque sorte illimitées, dominées uniquement par le courant des importations et des exportations. Les roubles russes ont baissé presque de 50 pour 100, et l'on a vu en Amérique la monnaie de papier des états du sud perdre 400 pour 100 avant la fin de la lutte. Le pays qui subit de pareils règlements importe nécessairement plus qu'il n'exporte ; autrement il n'aurait pas besoin de se couvrir de ces vaines précautions, car l'or y affluerait en échange de l'excédant des marchandises vendues.

On a souvent accusé l'emploi simultané de l'or et de l'argent dans les transactions des diverses contrées de tourner uniquement au bénéfice des changeurs. Cet argument a été exagéré outre mesure. Si les deux places emploient exclusivement l'une l'or et l'autre l'argent, comme le font Londres et Hambourg, le change variera suivant le prix de. la marchandise-argent ou de la marchandise-or, et nous avons déjà dit pour quel motif une pareille fluctuation sera toujours très faible. Le cas des transactions entre deux pays, comme l'Angleterre et la France, dont l'un a une circulation d'or et l'autre une circulation combinée d'or et d'argent n'offre point de difficulté. Les variations dans le prix des effets de l'un sur l'autre pays ne s'éloigneront que peu de celles qui affectent les cours du change entre les pays qui usent du même métal ; elles dépendront de celui des agents de la circulation qui est commun aux deux pays, l'or. Un billet payable à vue à Paris ne peut pas être vendu plus cher que l'or que ce billet représente, en ajoutant les frais de transport et de commission pour l'expédition de cet or à Paris. Quand l'or ou l'argent obtient une prime dans un pays quelconque, cette prime ne peut s'ajouter au prix de l'effet qu'à une condition : c'est que la traite ne sera payable en aucun autre métal. Si le débiteur conserve le choix, il est certain que le billet sera payé dans la monnaie qui perd relativement à l'autre, et le prix de la traite ne pourra point monter en

---

1 *Théorie des changes étrangers*, p. 73.

considération d'une *prime* qu'il ne saurait toucher. Les variations du cours du change rencontreront donc des limites aussi absolues que celles qui dominent les rapports entre deux pays dont la circulation est la même. On achète la lettre de change pour opérer une remise qui, quelle que soit la proportion momentanée entre le prix des deux métaux simultanément employés, se trouvera également accomplie. Dès qu'on connaît le mode d'action du change, on comprend facilement l'influence qu'il exerce sur le marché monétaire et sur l'émission des billets de banque. C'est cette influence que nous nous proposons d'examiner dans une autre étude.

ISBN : 978-1983955525

www.ingramcontent.com/pod-product-compliance
Lightning Source LLC
Chambersburg PA
CBHW070930220526
45468CB00005B/1728